# BEI GRIN MACHT SICH IHR WISSEN BEZAHLT

# Herausforderungen für Betreiber kritischer Infrastrukturen. Arten von Bedrohungsszenarien, rechtlicher Rahmen und Gegenmaßnahmen

GRIN

**Bibliografische Information der Deutschen Nationalbibliothek:**

Die Deutsche Nationalbibliothek verzeichnet diese Publikation in der Deutschen Nationalbibliografie; detaillierte bibliografische Daten sind im Internet über http://dnb.d-nb.de abrufbar.

ISBN: 9783346916808
Dieses Buch ist auch als E-Book erhältlich.

© GRIN Publishing GmbH
Trappentreustraße 1
80339 München

Druck und Bindung: Books on Demand GmbH, Norderstedt Germany
Gedruckt auf säurefreiem Papier aus verantwortungsvollen Quellen

Das vorliegende Werk wurde sorgfältig erarbeitet. Dennoch übernehmen Autoren und Verlag für die Richtigkeit von Angaben, Hinweisen, Links und Ratschlägen sowie eventuelle Druckfehler keine Haftung.

Das Buch bei GRIN: https://www.grin.com/document/1377756

Modul PWS80

Assignment

# IT-Sicherheit – Herausforderungen für Betreiber

# kritischer Infrastrukturen

# Inhaltsverzeichnis

1 Einleitung ................................................................................................................ 1

  1.1 Problemstellung und Ziel der Arbeit ............................................................. 1

  1.2 Aufbau der Arbeit .......................................................................................... 1

2 Theoretische Grundlagen ...................................................................................... 2

  2.1 Kritische Infrastrukturen ............................................................................... 2

  2.2 IT-Sicherheit ................................................................................................. 2

3 Aktuelle Anforderungen an die IT ....................................................................... 3

  3.1 Hintergrund von Bedrohungsszenarien ......................................................... 3

    3.1.1 DDoS –Attacken auf IoT ........................................................................ 4

    3.1.2 Bedrohung durch Mitarbeiter .................................................................. 4

    3.1.3 Social Engineering ................................................................................... 5

  3.2 Smart Metering ............................................................................................. 5

  3.3 Rechtliche Rahmenbedingungen ................................................................... 6

4 Technische- / Organisatorische Maßnahmen und deren Auswirkungen ........... 7

  4.1 Schutzmaßnahmen ......................................................................................... 7

  4.2 Pentest Durchführung .................................................................................... 7

  4.3 Meldepflichten .............................................................................................. 8

  4.4 ISMS .............................................................................................................. 9

  4.5 Risk Management ......................................................................................... 10

  4.6 Compliance .................................................................................................. 10

  4.7 Prüfverfahren ............................................................................................... 11

5 Zusammenfassung und kritische Einschätzung ................................................. 11

Literaturverzeichnis ................................................................................................ III

  Buchquellen ......................................................................................................... III

  Internetquellen ...................................................................................................... V

# 1 Einleitung

Die Themen Big-Data, Globalisierung und Industrie 4.0 beherrschen den Alltag von Unternehmen. Das Bundesamt für Sicherheit in der Informationstechnik stellt in seiner Broschüre „Die Lage der IT-Sicherheit in Deutschland 2019 dar, dass Cyber-Sicherheit eine wesentliche Voraussetzung für das Gelingen der Digitalisierung darstellt.[1] Kriminelle Vereinigungen verlagern ihre Machenschaften immer weiter in Richtung Cyber-Angriffe, hierdurch besteht für viele Unternehmen eine große Bedrohungsgefahr.

Besonders wichtig zu betrachten sind darüber hinaus Betreiber kritischer Infrastrukturen, dies sind exemplarisch Energieversorger. Ein durch einen Cyber-Angriff herbeigeführter Ausfall der Infrastruktur eines Energieversorgers kann etliche weitere Bedrohungsszenarien wie z.B. Mangel an Wasser, Kraftstoff etc. hervorrufen und zu Krisenzuständen in der Bevölkerung führen.

Durch solche Szenarien machen sich Energieversorger oder sogar ganze Länder gegenüber kriminellen Organisationen stark erpressbar. Auf dieser Tatsache fußt der eingangs genannte Sachverhalt des Bundesamtes für Sicherheit in der Informationstechnik (BSI), es erscheint essentiell, dass sich Betreiber kritischer Infrastrukturen mit dem Thema Digitalisierung und IT-Sicherheit beschäftigen.

## 1.1 Problemstellung und Ziel der Arbeit

Wie die Einleitung schon erkennen lässt, existiert in vielen Unternehmen ein Umbruch aufgrund der fortschreitenden Digitalisierung. Wie eingangs erwähnt besteht für Betreiber kritischer Infrastrukturen ein erhebliches Risiko, Opfer eines Angriffes durch kriminelle Vereinigungen zu werden. Diese Arbeit soll die Herausforderungen, welche für Betreiber kritischer Infrastrukturen bestehen verdeutlichen. Als erstes Zwischenziel gilt es unterschiedliche Arten von Bedrohungsszenarien sowie den rechtlichen Rahmen hierfür zu erläutern, als zweites Zwischenziel sollen etwaige Maßnahmen gegen eventuelle Bedrohungsszenarien betrachtet werden.

## 1.2 Aufbau der Arbeit

Zu Beginn dieser Arbeit wird im Kapitel theoretische Grundlagen mit den erforderlichen Definitionen der Begriffe „Kritische Infrastrukturen" sowie „IT-Sicherheit" begonnen. In Kapitel 3 werden im Rahmen dieser Arbeit aktuelle Anforderungen an die IT, damit verbundene unterschiedliche Bedrohungsszenarien, Technologie Trends sowie rechtliche Rahmenbedingungen erläutert. In Kapitel 4 werden Technische als auch Organisatorische Maßnahmen, wie

---

[1] Vgl. Bundesamt für Sicherheit in der Informationstechnik - 1, S. 3.

Schutzmaßnahmen, Penetrationstests, Meldepflichten, ISMS, Risk Management, Compliance sowie Prüfverfahren erörtert. Abschließend erfolgt eine kurze Zusammenfassung sowie eine Schlussfolgerung der im Rahmen dieser Arbeit gewonnenen Ergebnisse.

## 2 Theoretische Grundlagen

Zum Verständnis dieser Arbeit ist es essentiell zunächst die Begriffe „Kritische Infrastrukturen" sowie „IT-Sicherheit" zu definieren. Auf diese beiden Begrifflichkeiten wird im weiteren Verlauf dieses Kapitels tiefer eingegangen.

### 2.1 Kritische Infrastrukturen

Im Gesetz zur Erhöhung der Sicherheit informationstechnischer Systeme (BSI-Gesetz) ist die Rede von Betreibern kritischen Infrastrukturen.[2] Kritische Infrastrukturen werden durch das BSI in §2 Nr. 10 BSI-Gesetz geregelt. Demnach sind Infrastrukturen „ (...) Einrichtungen, Anlagen oder Teile davon, die

*1. den Sektoren Energie, Informationstechnik und Telekommunikation, Transport und Verkehr, Gesundheit, Wasser, Ernährung sowie Finanz- und Versicherungswesen angehören und*

*2. von hoher Bedeutung für das Funktionieren des Gemeinwesens sind, weil durch ihren Ausfall oder ihre Beeinträchtigung erhebliche Versorgungsengpässe oder Gefährdungen für die öffentliche Sicherheit eintreten würden.[3]*

Daraus ergibt sich, dass es sich bei kritischen Infrastrukturen um Organisationen und Systeme handelt, welche eine wichtige Bedeutung für die Allgemeinheit aufweisen. Im Falle der Störung einer kritischen Infrastruktur könnte daraus eine erhebliche Beeinträchtigung von wirtschaftlichen, gesellschaftlichen oder sicherheitsrelevanten wichtigen Funktionen resultieren.

Des Weiteren sollte die Verkettung einiger wichtiger kritischer Infrastrukturen bedacht sein, dies erhöht die Notwendigkeit eines sicheren Betriebs. Exemplarisch könnte ein über längere Zeit andauernder Stromausfall ein Versagen der Wasserversorgung oder den Ausfall eines Telekommunikationsnetzwerkes bedeuten.[4]

### 2.2 IT-Sicherheit

Laut Gablers Wirtschaftslexikon bezieht sich die IT-Sicherheit „ (...) auf die Gewährleistung von Sicherheit aller eingesetzter Informationstechniken bzw. –technologien, d.h. aller

---

[2] Vgl. Datenschutzbeauftragter (2019)
[3] Gesetze im Internet – BSI Gesetz
[4] Vgl. Lorenz (2010), S. 20 ff.

*Hardware- und Softwaresysteme bzw. aller Rechner- und Netzsysteme."*[5] Die Zielsetzung ist die Sicherstellung der Sicherheit als auch Korrektheit aller Anwendungen, welche durch die IT ausgeführt und unterstützt werden.[6] Grundsätzlich lässt sich ein IT-System als sicher bezeichnen, wenn die drei Werte Vertraulichkeit, Verfügbarkeit sowie Integrität erfüllt sind.[7] Jede Unternehmung leitet aus ihrem Bedarf Schutzziele ab, diese können exemplarisch die Vermeidung von Ausfallzeiten der Systeme, der Schutz bzgl. unrechtmäßiger Datenweitergabe oder auch die Sicherstellung der Datenechtheit darstellen.

## 3 Aktuelle Anforderungen an die IT

Aufgrund der rapide fortschreitenden Digitalisierung bei Produkten, Geschäftsprozessen sowie immer stärkerer Auslagerung von Daten und Anwendungen in Cloud-Dienste werden an Unternehmen hohe Anforderungen gestellt.[8] Speziell Betreiber kritischer Infrastrukturen müssen bei der Einführung als auch Nutzung neuer Technologien ihren Fokus auf die Einhaltung von sicherheitsrelevanten Aspekten legen, um Bedrohungsszenarien welche zur Beeinträchtigung von Kernprozessen führen können zu vermeiden. Aufgrund dieser Tatsache besteht oftmals ein Interessenkonflikt bezüglich des Einsatzes innovativer Produkte und Methoden und der Gewährleistung der IT-Sicherheit.

Dieses Kapitel befasst sich mit realen Bedrohungsszenarien, im Genaueren mit DDoS Attacken auf IoT, Bedrohungen durch Mitarbeiter sowie Social Engineering. Weiterhin wird der Technologie Trend Smart Metering betrachtet und abschließend die rechtlichen Rahmenbedingungen zu Sicherheitsmindeststandards erörtert.

### 3.1 Hintergrund von Bedrohungsszenarien

Akute Bedrohungsszenarien bzgl. der IT-Sicherheit können z.B. finanzieller, wirtschaftlicher oder auch politischer Natur sein. Wirtschaftliche oder finanzielle Angriffe münden oftmals in Erpressungen, Datendiebstahl oder auch Industriespionage. Politische Angriffe hingegen werden z.b. durch konkurrierende Staaten oder Verbände getätigt, hierdurch wird das Ziel der Beschädigung oder auch Manipulation technischer Anlagen oder auch Daten verfolgt.

Zwischen kritischen Infrastrukturen und anderen Infrastrukturbetreibern ist laut Bitkom e.V. kein Unterschied hinsichtlich der Angriffshäufigkeit feststellbar. Allerdings lässt sich ein deutlicher Unterschied hinsichtlich der Angriffsarten feststellen, über 50% der Angriffe werden

---

[5] Vgl. Gabler Banklexikon
[6] Vgl. Gabler Banklexikon
[7] Vgl. Bundesamt für Sicherheit in der Informationstechnik - 2
[8] Vgl. Hansen / Mendling / Neumann (2015), S. 32 f.

über Mitarbeiter adressiert, ca. 40 % kommen aus dem direkten Unternehmensumfeld, die verbleibenden 10 % gliedern sich in Hobby Hacker, Geheimdienste, und organisierte Kriminelle.[9]

### 3.1.1 DDoS –Attacken auf IoT

Als Risiko können etliche internetfähige Gegenstände gesehen werden. Exemplarisch handelt es sich dabei um Smart Home Bausteine wie Lampen, Heizungsthermostate etc. oder auch Smart Meter, IoT Geräte werden oftmals mit unsicheren Kennwörtern versehen oder verfügen über kein ausreichendes Update Konzept. Potentielle Angreifer machen sich dieses Defizit zu Nutze und schließen IoT Geräte zu Bot-Netzen zusammen, um Überlastungsangriffe auf Unternehmen durchzuführen. Die im Laufe der Digitalisierung deutlich gestiegene Anzahl an IoT Geräten erhöht die für Angreifer relevante Rechenkapazität deutlich, damit steigt auch das Gefährdungspotential sowie die Schadenhöhe betroffener Unternehmen enorm.[10]

Bei Betreibern kritischer Infrastrukturen könnten solche DDoS Attacken / Überlastungsangriffe unter Umständen zu einem mehrtägigen Ausfall der Systeme führen. Aufgrund dieser Gefahr existieren Ansätze sicherer Hardware- sowie Softwareentwicklung z.B. im Security by Design Modell. Hierbei findet eine Konzentration auf die Umsetzung überprüfbarer sowie nachweisbarer Sicherheitsanforderungen im Laufe des kompletten Entwicklungsprozesses statt.[11]

### 3.1.2 Bedrohung durch Mitarbeiter

Die Gruppe der internen als auch externen Mitarbeiter zählt zu einer der größten Gefahrenquellen für Betreiber kritischer Infrastrukturen.[12] Mitarbeiter eines Unternehmens verfügen über etliche Zugriffs- als auch Zutrittsmöglichkeiten zu z.B. Räumlichkeiten des Unternehmens oder auch Informationen.

Exemplarisch kann das Risiko eines Angriffes durch Mitarbeiter die Entwendung sensibler Daten darstellen. Hierbei kann es sich z.B. um Kundendaten oder Finanzdaten des Unternehmens handeln.[13]

Diese Art der Bedrohung kann präventiv mit Sicherheitsprüfungen während des Einstellungsprozesses von Mitarbeitern, mit einem Anwendungsrollenkonzept oder auch regelmäßigen Schulungen vorgebeugt werden.[14]

---

[9] Vgl. Bitkom (2015), S. 8 ff.
[10] Vgl. Hansen / Mendling / Neumann (2015), S. 377 ff.
[11] Vgl. Mehrfeld (2018), S. 24 ff.
[12] Vgl. Bitkom (2015), S. 8 ff.
[13] Vgl. Kesten / Klett (2014), S. 50 ff.
[14] Vgl. Corporate Trust (2012), S. 30 ff.

### 3.1.3 Social Engineering

Social Engineering kennzeichnet eine Bedrohung durch Dritte, welche sich frei verfügbare Hintergrundinformationen bzgl. des Angriffsziels beschaffen um hiermit gezielt Mitarbeiter zu manipulieren. Dies können z.b. Organigramme der Unternehmung sein, darauf aufbauend können Informationen über Mitarbeitern in Schlüsselpositionen durch soziale Netzwerke beschafft werden. Mit Hilfe der gewonnenen Informationen wird das Angriffsopfer kontaktiert und aufgrund der vorhandenen Informationen eine Vertrauensbasis aufgebaut. Zu einem späteren Zeitpunkt wird durch den Angreifer eine künstliche Stresssituation erzeugt und hierdurch eine Handlung wie z.b. die unrechtmäßige Zahlung von Geldern oder auch die Implementierung von schadhafter Software erzwungen. Derartige kriminelle Eingriffe können durch Sensibilisierungsmaßnahmen der Mitarbeiter sowie durch die Einführung von Kontrollinstanzen wie z.b. Berechtigungskonzepten, Virenschutzscanner oder auch mehrstufiger Freigabeprozesse bei sensiblen Handlungen verringert oder unterbunden werden.[15]

### 3.2 Smart Metering

Etliche Versorgungsunternehmen investieren aktuell Ressourcen in die Einführung von digitalen sowie vernetzten Messzählern. Dieses Engagement ist auf verschiedene Gründe zurückzuführen, zum einen auf einen von der Regierung geforderten Ausbau eines intelligenten Stromnetzes um hierdurch den Verbrauch zu optimieren sowie Erzeugung und Versorgung mit Strom transparenter zu gestalten. Zum Zweiten um Kosten einzusparen, mit der Vernetzung von Stromzählern können Ressourcen zur Ablesung eingespart werden.[16]

Die vorgenannten Gründe spiegeln die Seite der Chancen wieder, allerdings existieren auch in diesem Fall Risiken. Die installierten Zähler bieten die Möglichkeit Zählerstände zu speichern und per Internetverbindung direkt zu übermitteln, zum Teil werden dabei personenbezogene Daten verwendet. Betreiber kritischer Infrastrukturen erhöhen durch diese Erweiterung ihres IT-Netzes das Angriffspotenzial. Aktuell besteht die Befürchtung, dass über solch einen Angriff Zählerstände manipuliert und über ein etwaig verbundenes Smarthome Netzwerk auf weitere Endgeräte zugegriffen werden könnte.

Aktuell etabliert sich der Long Range Wide Area Network Standard, diese Technologie biete die Vorteile von niedrigerem Energieverbrauch, niedrigeren Verbindungskosten, günstigerer Hardware sowie Software und eines internetunabhängigen Funkstandards. Somit wären die wesentlichen Anforderungen der Internet of Things Produkte wie exemplarisch Smart Meter

---

[15] Vgl. Bundesamt für Sicherheit in der Informationstechnik - 3
[16] Vgl. Servatius / Schneidewind / Rohlfing (2012), S. 120 ff.

besser erfüllt. Allerdings erscheint hierfür die Errichtung von Sendemasten im Abstand zwischen 2 und 15 Kilometer notwendig.[17] Dadurch kann das Endgerät unter Verwendung einer integrierten Sendeeinheit z.b. den Zählerstand direkt ohne Einbindung in das Unternehmensnetzwerk an die Empfangseinheit senden. Aktuell wird die Verwendung von Long Range Wide Area Netzwerken in einzelnen Großstädten testweise ausgerollt. Allerdings sind bei Verwendung dieser Technologie trotz Verschlüsselungen und autarker Nutzung ohne Implementierung in das Unternehmensnetzwerk Sicherheitsrisiken vorhanden. Bislang sind Schwachstellen in der Festlegung von Session Keys sowie bzgl. der Verschlüsselung bei Nachrichten, welche über die selbe Länge wie der zugehörige Schlüssel verfügen problembehaftet.[18]

### 3.3 Rechtliche Rahmenbedingungen

Im Jahre 2016 wurde eine EU weite Regelung zu Sicherheitsmindeststandards für Betreiber kritischer Infrastrukturen geschaffen. Diese EU Regelung wird in Deutschland durch das IT-Sicherheitsgesetz umgesetzt. Die Einhaltung sowie Umsetzung des IT-SiG wiederum wird durch das Bundesamt für Sicherheit in der Informationstechnik (BSI) sichergestellt.[19] Hierdurch soll gewährleistet werden, dass die Mindestanforderungen des BSI erreicht, eher noch übertroffen werden, dadurch soll der Schutz der IT-Infrastruktur sichergestellt werden.

Kritische Infrastrukturen werden durch das BSI in 9 Sektoren unterteilt, diese wiederum werden abermals in 29 unterschiedliche Branchen untergliedert. Für jeden dieser Sektoren wurden durch das BSI und den entsprechenden Branchenverband individuelle Sicherheitsstandards erarbeitet.

Generell gilt zu bemerken, dass die rechtliche Gültigkeit des IT-SiG bei einer potentiellen Versorgungsstörung von 500.00 Einwohnern liegt, allerdings wird die Menge der betroffenen Einwohner brachenabhängig gestuft.[20]

Des Weiteren besteht eine Verzahnung der Vorgaben aus dem IT-SiG mit den durch die DSGVO geforderten Maßnahmen bzgl. des Datenschutzes. Exemplarisch können die technischen und organisatorischen Maßnahmen (TOM) welche im Rahmen der DSGVO zur Verarbeitung und Speicherung von Daten genannt werden, welche ebenso in ähnlicher Form durch das IT-SiG gefordert werden.

---

[17] Vgl. Heise
[18] Vgl. Kostic / Janke (2016), S. 24 ff.
[19] Vgl. Schneider (2017), S. 361 ff.
[20] Vgl. Bundesamt für Sicherheit in der Informationstechnik - 4

Zusätzlich existiert für den vorgenannten Trend, der Einführung von Smart Metern ein gewisses Mindestschutzniveau, welches durch Richtlinien des Bundesamts für Informationssicherheit für die Betreiber kritischer Infrastrukturen bindend ist.[21]

## 4 Technische- / Organisatorische Maßnahmen und deren Auswirkungen

Dieses Kapitel befasst sich mit unterschiedlichen Formen von Technischen-/Organisatorischen Maßnahmen zur Einhaltung von rechtlichen Sicherheitsvorgaben sowie optionaler Sicherheitsvorhaben.

### 4.1 Schutzmaßnahmen

Um entsprechende Schutzmaßnahmen einleiten zu können, ist es notwendig die zu schützenden IT-Komponenten unterscheiden zu können. Hierfür liefert das BSI eine entsprechende Arbeitsgrundlage und unterscheidet in einer Organisation unterschiedliche IT-Komponenten, dies können z.b. IT-Systeme oder IT-Anwendungen sein. Diese IT-Komponenten weisen jeweils ein individuelles Gefährdungspotenzial auf, welches durch den Einsatz von  entsprechenden Schutzmaßnahmen minimiert werden soll. Das BSI empfiehlt für den Einsatz von Schutzmaßnahmen im ersten Schritt sämtliche IT-Komponenten zu ermitteln, darauf aufbauend diese als Objekte zu klassifizieren und sinnhaft voneinander abzugrenzen.[22]

Um eine klare Strukturierung sowie Kategorisierung der Objekte vornehmen zu können, sollten diese unterschiedlichen Anwendungsfällen zugeordnet werden. Hiermit erscheint eine Einteilung in Anwendungsfallkategorien, welche durch mindestens einen konkreten Anwendungsfall beschrieben ist als sinnvoll. Solche Kategorien können sich exemplarisch untergliedern in Architektur, Benutzerzugang, Organisation, Netzwerkmanagement, Programmaccess sowie Wartung. Des Weiteren ist es wichtig, dass die benannten Anwendungsfälle jederzeit änderbar bzw. erweiterbar sind.[23]

Die mittels der vorgenannten Variante erhobenen Anwendungsfälle werden aufgrund des von ihnen ausgehenden Gefährdungspotentials eingestuft und entsprechenden Maßnahmen zugeordnet, welche dem etwaigen Eintrittsfall vorbeugen sollen.

### 4.2 Pentest Durchführung

Die Durchführung von sogenannten Pentests bietet die Möglichkeit etwaige Schwachstellen sowie Sicherheitsrisiken der IT-Infrastruktur aufzudecken. Idealerweise ist die Durchführung

---

[21] Vgl. Bundesamt für Sicherheit in der Informationstechnik - Das Smart-Meter-Gateway (2018), S. 5 ff.
[22] Vgl. Bundesamt für Sicherheit in der Informationstechnik – Leitfaden Informationssicherheit (2012), S. 69 f.
[23] Vgl. Deutsche Vereinigung für Wasserwirtschaft, Abwasser und Abfall (2017), S. 10-12.

von Pentests in das Qualitätsmanagement integriert und erfolgt regelmäßig. Hierdurch erscheint die Möglichkeit gewährleistet, dass aus den vorherigen Pentests Erkenntnisse gezogen werden können und eine Behebung von etwaigen Angriffspunkten nachhaltig sicherzustellen. Diese Vorgehensweise erscheint hinsichtlich der Investitionsstrategien von Unternehmen als äußerst sinnvoll, da etwaige Schwachstellen zielgerichtet und mit Kostenbewusstsein bereinigt werden können.

Allerdings gilt es zu bemerken, dass Pentests größtenteils äußerst komplex sind und aufgrund dieser Tatsache die Testszenarien vorab gründlich erarbeitet sowie geplant werden müssen.[24]

### 4.3 Meldepflichten

In Deutschland existieren für sämtliche Unternehmungen Meldepflichten hinsichtlich sämtlicher Bereiche des Datenschutzes. Des Weiteren erfordert das IT-SiG abermals umfangreichere Meldepflichten für die Betreiber kritischer Infrastrukturen. In diesem Zusammenhang sind Vorfälle, bei welchen der Schutz persönlicher Daten verletzt wird geregelt. Derartige Vorfälle sind zwangsweise an den Landesbeauftragten für Datenschutz zu melden. Weiterhin besteht die Verpflichtung, außergewöhnliche Störungen der IT, welche zu einem Ausfall der Systeme oder Beeinträchtigung von Prozessen sowie Komponenten geführt haben an die zuständige Aufsichtsbehörde zu melden, in diesem Falle ist dies das BSI.[25] Das BSI definiert die Begriffe „Ausfall", „Beeinträchtigung" und „außergewöhnliche Störung" folgendermaßen: Ein Ausfall bedeutet ein Versagen respektive eine deutliche Minderung der Qualität einer kritischen Anlage. Eine außergewöhnliche Störung hingegen umfasst Vorfälle, welche nicht mit einer dem Stand der Technik entsprechenden Maßnahme verhindert werden konnten. Als Beeinträchtigung hingegen wird eine Minderung der Versorgungsleistung von mehr als 50 Prozent verstanden.[26]

Im Falle des Eintretens eines der vorgenannten Sicherheitsvorfälle ist aufgrund der Systemgestaltung meist der Betreiber derjenige, welcher den Vorfall feststellt und somit meldepflichtig. Aufgrund der Ausgangssituation ist das BSI darauf angewiesen, dass der Betreiber seinen Meldepflichten nachkommt, bislang existieren hierfür keinerlei Überwachungsmöglichkeiten. Aufgrund dieser Tatsache können Verstöße durch das BSI mit hohen Geldbußen geahndet werden.[27]

---

[24] Vgl. Sowa / Duscha / Schreiber (2019), S. 173 ff.
[25] Vgl. Bundesamt für Sicherheit in der Informationstechnik - 5
[26] Vgl. Bundesamt für Sicherheit in der Informationstechnik - 5
[27] Vgl. Schneider (2017), S. 460 f.

## 4.4 ISMS

Laut BSI-Gesetz gilt der aktuelle Stand der Technik als Erfüllung der Umsetzung der Richtlinien. Um den aktuellen Stand der Technik zu gewährleisten sind die betroffenen Systeme und Anlagen permanent zu überwachen und aktualisieren. Durch Auditierungen und mit Hilfe der Einführung eines Information Security Management System (ISMS) kann die Erfüllung des Stands der Technik in der Praxis nachgewiesen werden. Die gesetzlichen Vorgaben erfordern ein anerkanntes Security Management Verfahren, dies beinhaltet die Anwendung der DIN EN ISO 27001, die Beachtung des durch das BSI genannten IT-Branchenstandards sowie des IT-Grundschutzstandards.[28] Sämtliche bekannten Information Security Management Systeme befassen sich mit folgenden Haupt- und Unterpunkten:

1. Transparenz und Awareness

- Ableitung der Sicherheitsziele aus den Unternehmenszielen.
- Bereitstellung von ausreichend Ressourcen zu Implementierung sowie Betrieb des ISMS.
- Einführung einer Kommunikationsstrategie in welcher festgelegt wird, welche Stakeholder wann über welchen Vorfall informiert werden.

2. Anpassung des Sicherheitsniveaus

- Ermittlung von Risiken und Maßnahmen, welche die Ziele der Managementsysteme, Integrität, Verfügbarkeit sowie Vertraulichkeit von Informationen negativ beeinflussen könnten.

3. Compliance

- Verfolgung der Aufgabe Unternehmenswerte, Gesetze oder Verträge einzuhalten.

4. Dokumentation

- Vorbereitend zur Implementierung ist eine umfangreiche Dokumentation anzufertigen, diese ist laufend zu überprüfen und zu aktualisieren.

Aufgrund der Verarbeitung des überwiegenden Teils der Informationen durch die IT ist ein ISMS eng mit dieser verbunden. Allerdings besteht die Maßgabe, dass das ISMS ebenso sämtliche Information innerhalb eines Unternehmens umfassen muss. Daten werden übergreifend

---

[28] Vgl. Deutscher IT-Sicherheitskongress (2017), S. 509 f.

betrachtet, aufgrund dieser Tatsache ist die Übernahme von Datenschutzaufgaben nicht zwanghaft mit dem ISMS verzahnt.

Allerdings ist zu bemerken, dass nicht nur für die Einführung, sondern auch auf die Pflege eines ISMS ein deutlicher Personalaufwand notwendig erscheint. Des Weiteren ist auch für den Betrieb eines ISMS ein hoher Ressourcenaufwand notwendig, um Schulungen, Informationsveranstaltungen sowie Auditierungen durchzuführen.[29]

## 4.5 Risk Management

In der heutigen Zeit bietet kein IT-System eine absolute Sicherheit, deswegen erscheint es als notwendig ein Risk Management zu etablieren. Dies bedingt die Ermittlung von potentiellen Risiken, die Einschätzung der ermittelten Risiken, als auch die Ableitung von risikomindernden Maßnahmen.

Um die ermittelten Risiken zu bewerten kann, die Eintrittswahrscheinlichkeit sowie deren Auswirkung betrachtet werden. Aufbauend auf diese Faktoren kann final eine Handlungsempfehlung erstellt und die Risiken nach Risikograd eingeordnet werden.[30]

Die Deutsche Vereinigung für Wasserwirtschaft, Abwasser und Abfall definiert als Branchenstandard zum Thema Risk Management: *„Die Bewertung von Risiken erfolgt in Abhängigkeit zu der jeweiligen Eintrittswahrscheinlichkeit und den hieraus resultierenden Auswirkungen. Risiken mit einer mittleren oder hohen Eintrittswahrscheinlichkeit, die zum Ausfall von Anlagen oder Systemen führt, sind nicht zulässig."*[31]

## 4.6 Compliance

Wie vorgenannt ist das Vorhandensein von Maßnahmen zur Einhaltung von gesetzlichen sowie freiwilligen Sicherheitsstandards innerhalb einer IT-Compliance für ein funktionierendes ISMS notwendig. Als Säule der Corporate Compliance fungiert die IT-Compliance als Instrument um die IT-unterstützten Prozesse störungsfrei abzubilden, etwaige Schäden abzuwenden sowie Standards und Vorschriften bzgl. des Umgangs mit der Informationstechnologie im Unternehmen zu gewährleisten.[32]

Der Unsicherheitsfaktor Mensch erweist sich als größter Risikofaktor innerhalb der IT-Sicherheit. Um diesem vorzubeugen, können Mitarbeiter mittels regelmäßigen Schulungen

---

[29] Vgl. Bundesamt für Sicherheit in der Informationstechnik – Arbeitshilfe (2012), S. 15 ff.
[30] Vgl. Königs (2009), S. 127.
[31] Deutsche Vereinigung für Wasserwirtschaft, Abwasser und Abfall (2017), S. 18.
[32] Vgl. Stober / Ohrtmann (2015), S. 4 f.

aufgabenspezifisch zum Thema IT-Compliance über Gefährdungspotentiale sowie den entsprechenden Verhaltenskodex sensibilisiert werden. Speziell für KRITIS-Betreiber bietet sich dieses Konzept an, da kurzfristig neu erlassene gesetzliche Verordnungen sowie die gesellschaftliche Verantwortung als auch das immer höher werdende Angriffsrisiko eine ständige Sensibilisierung der involvierten Mitarbeiter notwendig machen.[33]

### 4.7 Prüfverfahren

Für die Betreiber kritischer Infrastrukturen existiert die Pflicht, sich regelmäßigen Prüfverfahren zu unterziehen. Im Rahmen dieser notwendigen Auditierung werden gesetzliche Anforderungen überprüft als auch die Einhaltung eines neutralen Prüfverfahrens gewährleistet. Hierfür ist es essentiell, dass die auditierende Stelle sowohl ihre Eignung als auch Neutralität u.a. durch Zertifizierungen nach DIN EN ISO / IEC 270001 respektive DIN EN ISO / IEC 1702-1 nachweisen kann. Des Weiteren sollten die prüfenden Mitarbeiter nach den vorgenannten Normen geschult sein.[34]

Unterschieden werden können diese Prüfungen in Einzel- und Zusatzprüfungen, zu welchen die Betreiber verpflichtet sind. Für Re-Zertifizierungen sind entsprechende Zusatzprüfungen obligatorisch. Im Verlauf eines Audits werden durch in Überprüfungsplänen festgelegte Inspektionen, Befragungen sowie Analyse von Dokumenten die Bestimmungen des IT-SiG als auch Branchenspezifische Standards überprüft. Der Aufwand dieser Prüfungen wird aufgrund vieler zu prüfender IT-Komponenten sowie Anwendungsfälle in der Praxis oftmals stichprobenartig durchgeführt. Zum Abschluss der Auditierung erfolgt die Erstellung eines Prüfberichtes, dieser enthält die identifizierten Mängel sowie deren Bewertung als auch potentielle Verbesserungsempfehlungen. Des Weiteren werden im Prüfbericht Fristen zu Folgeüberprüfungen dokumentiert.[35]

### 5 Zusammenfassung und kritische Einschätzung

Durch diese Arbeit wird deutlich, dass sich Unternehmen jeglicher Art, aufgrund der immer schneller fortschreitenden Digitalisierung in einem Umfeld befinden, welches ein hohes Potential für Bedrohungsszenarien birgt. Besonders heikel sind Bedrohungsszenarien bei Betreibern kritischer Infrastrukturen, wie z.B. Energieversorgern zu betrachten. Exemplarisch kann der Ausfall eines Energieversorgers einen Ausfall des Stromnetzes bedeuten und weitere Dinge des täglichen Lebens beeinträchtigen wie z.B. Licht, Kraftstoffversorgung, etc. Dies spiegelt die

---

[33] Vgl. Rath / Sponholz (2014), S. 23.
[34] Vgl. Stober / Ohrtmann (2015), S. 8 ff.
[35] Vgl. Deutsche Vereinigung für Wasserwirtschaft, Abwasser und Abfall (2017), S. 9 ff.

Wichtigkeit der Beachtung der IT-Sicherheit wieder, das Bundesamt für Sicherheit in der Informationstechnik stellt in seiner Broschüre „Die Lage der IT-Sicherheit in Deutschland 2019 passend dar, dass Cyber-Sicherheit eine wesentliche Voraussetzung für das Gelingen der Digitalisierung darstellt.[36]

Im Rahmen dieser Arbeit stellt sich heraus, dass das größte Risiko von den eigenen Mitarbeitern ausgeht. Meist werden ebendiese Mitarbeiter via Social Engineering – also Beeinflussung durch Dritte unter Einbeziehung von Daten aus Sozialen Medien rekrutiert und als Werkzeug benutzt. Des Weiteren besteht ebenso die Möglichkeit, dass Mitarbeiter mutwillig Datendiebstahl respektive Sabotageversuche begehen können.

Aufgrund der vorgenannten Tatsachen wurde das IT-SiG unter Zuhilfenahme des Bundesamtes für Sicherheit in der Informationstechnik geschaffen, in diesem Gesetz wurden Regelungen speziell für Betreiber kritischer Infrastrukturen getroffen. Diese Regelungen beinhalten einen Mindeststandard, welcher erfüllt werden muss. Des Weiteren ist das IT-SiG aufgrund der bestehenden Vorgaben eng mit dem Thema Datenschutz verwoben.

Um Bedrohungsszenarien zu vermeiden, bestehen verschiedene Technische / Organisatorische Maßnahmen, welche von Betreibern kritischer Infrastrukturen umgesetzt werden sollten. Exemplarisch sind dies z.B. ein Penetrationstest um Schwachstellen der Infrastruktur aufzudecken, die Einführung eines Information Security Management Systems (ISMS) sowie eines Risk Managements wie auch die damit verbundene Schulungen und Sensibilisierungen der Mitarbeiter. Im Rahmen der Einführung eines ISMS bietet sich ebenso eine Auditierung nach DIN EN ISO 27001 an.

Zusammenfassend gilt wie bereits erwähnt, dass Cyber-Sicherheit" eine wesentliche Voraussetzung für das Gelingen der Digitalisierung darstellt. Speziell Betreiber kritischer Infrastrukturen sollten ihren Fokus auf etwaige Bedrohungsszenarien legen und diesen mit entsprechenden Maßnahmen entgegenwirken um nicht Opfer eines Cyber-Angriffs zu werden.

---

[36] Vgl. Bundesamt für Sicherheit in der Informationstechnik - 1, S. 3.

# Literaturverzeichnis

## Buchquellen

**Bitkom (2015)**

Bitkom e.V.: Spionage, Sabotage und Datendiebstahl – Wirtschaftsschutz im digitalen Zeitalter, Berlin, 2015

**Bundesamt für Sicherheit in der Informationstechnik – Das Smart-Meter-Gateway (2018)**

Bundesamt für Sicherheit in der Informationstechnik: Das Smart-Meter-Gateway, Bonn, 2018

**Bundesamt für Sicherheit in der Informationstechnik – Leitfaden Informationssicherheit (2012)**

Bundesamt für Sicherheit in der Informationstechnik: Leitfaden Informationssicherheit: IT-Grundschutz kompakt, Bonn, 2012

**Bundesamt für Sicherheit in der Informationstechnik – Arbeitshilfe (2012)**

Bundesamt für Sicherheit in der Informationstechnik: Arbeitshilfe zur Feststellung des Aufwandes und zur Planung des personellen Ressourceneinsatzes für IT-Sicherheitsteams in der öffentlichen Verwaltung, 2. Auflage, Bonn, 2012

**Corporate Trust (2012)**

Corporate Trust: Studie Industriespionage 2012, Corporate Trust Business Risk & Crisis Management, München, 2012

**Deutscher IT-Sicherheitskongress (2017)**

Deutscher IT-Sicherheitskongress: Digitale Gesellschaft zwischen Risikobereitschaft und Sicherheitsbedürfnis, Tagungsband zum 15. Deutschen IT-Sicherheitskongress SecuMedia Verlag, Gau-Algesheim, 2017

**Deutsche Vereinigung für Wasserwirtschaft, Abwasser und Abfall (2017)**

Deutsche Vereinigung für Wasserwirtschaft, Abwasser und Abfall: IT-Sicherheit – Branchenstandard Wasser / Abwasser – M1060, Hennef, 2017

**Hansen / Mendling / Neumann (2015)**

Hansen, Hans-Robert / Mendling, Jan / Neumann, Gustaf: Wirtschaftsinformatik: Grundlagen und Anwendungen, De Gruyter Oldenbourg Verlag, 11.Auflage, Berlin, 2015


**Kesten / Klett (2014)**

Kesten, Heinrich / Klett, Gerhardt: Data Leakage Prevention, mitp/bhv Verlag, Heidelberg, 2014


**Königs (2009)**

Königs, Hans-Peter: IT-Risiko-Management mit System: Von den Grundlagen bis zur Realisierung – Ein praxisorientierter Leitfaden, Springer Verlag, 3.Auflage, Wiesbaden, 2009


**Kostic / Janke (2016)**

Kostic, Viktor / Janke, Ronald: Die Zukunft hat mit LoRa begonnen: Low-Power-netze für das Internet der Dinge, in: Zeitschrift für Kommunikationsmanagement Nr. 9, S. 22-25, Kremmen, 2016


**Lorenz (2010)**

Lorenz, Daniel: Kritische Infrastrukturen aus Sicht der Bevölkerung, Freie Universität Berlin, Berlin, 2010


**Mehrfeld (2018)**

Mehrfeld, Jens: Gemeinsame Verantwortung, in: BSI Magazin Nr. 01/2018, S. 24-26, Bundesamt für Sicherheit in der Informationstechnik, Berlin, 2018


**Rath / Sponholz (2014)**

Rath, Michael / Sponholz, Rainer: IT-Compliance: Erfolgreiches Management regulatorischer Anforderungen, Erich Schmidt Verlag, 2.Auflage, Berlin, 2014


**Schneider (2017)**

Schneider, Florian: Meldepflichten im IT-Sicherheitsrecht: Datenschutz, Kritische Infrastrukturen und besondere IT-Dienste, Nomos Verlagsgesellschaft, Baden-Baden, 2017

**Servatius / Schneidewind / Rohlfing (2012)**

Servatius, Hans-Gerd / Schneidewind, Uwe / Rohlfing, Dirk: Smart Energy: Wandel zu einem nachhaltigen Energiesystem, Springer Verlag, 1.Auflage, Berlin, 2012

**Sowa / Duscha / Schreiber (2019)**

Sowa, Aleksandra / Duscha, Peter / Schreiber, Sebastian: IT-Revision, IT-Audit und IT-Compliance – Neue Ansätze für die IT-Prüfung, Springer Gabler Verlag, 2.Auflage, Wiesbaden, 2019

**Stober / Ohrtmann (2015)**

Stober, Rolf / Ohrtmann, Nicola: Compliance: Handbuch für die öffentliche Verwaltung, Kohlhammer, Stuttgart, 2015

**Internetquellen**

**Bundesamt für Sicherheit in der Informationstechnik - 1**

Bundesamt für Sicherheit in der Informationstechnik, Die Lage der IT-Sicherheit in Deutschland 2019, online im Internet, https://www.bsi.bund.de/SharedDocs/Downloads/DE/BSI/Publikationen/Lageberichte/Lagebericht2019.pdf?__blob=publicationFile&v=7, abgerufen am 11.01.2020

**Bundesamt für Sicherheit in der Informationstechnik – 2**

Bundesamt für Sicherheit in der Informationstechnik, IT-Grundschutz - Glossar, online im Internet, https://www.bsi.bund.de/DE/Themen/ITGrundschutz/ITGrundschutzKompendium/vorkapitel/Glossar_.html, abgerufen am 11.01.2020

**Bundesamt für Sicherheit in der Informationstechnik - 3**

Bundesamt für Sicherheit in der Informationstechnik, IT-Sicherheit am Arbeitsplatz: Social Engineering-der Mensch als Schwachstelle, online im Internet, https://www.bsi-fuer-buerger.de/BSIFB/DE/DigitaleGesellschaft/IT_Sicherheit_am_Arbeitsplatz/SoEng/Social_Engineering_node.html, abgerufen am 11.01.2020

**Bundesamt für Sicherheit in der Informationstechnik - 4**

Bundesamt für Sicherheit in der Informationstechnik, Zusammenarbeit im Rahmen des UP Kritis, online im Internet, https://www.kritis.bund.de/SubSites/Kritis/DE/Aktivitaeten/Nationales/UPK/upk_node.html, abgerufen am 11.01.2020


**Bundesamt für Sicherheit in der Informationstechnik - 5**

Bundesamt für Sicherheit in der Informationstechnik, Kritische Infrastrukturen – Das IT Sicherheitsgesetz, online im Internet, https://www.bsi.bund.de/DE/Themen/KRITIS/IT-SiG/it_sig_node.html
, abgerufen am 09.01.2020


**Bundesamt für Sicherheit in der Informationstechnik - 6**

Bundesamt für Sicherheit in der Informationstechnik, Kritische Infrastrukturen – Fragen und Antworten für Betreiber Kritischer Infrastrukturen zur Meldepflicht nach dem IT-Sicherheitsgesetz, online im Internet, https://www.bsi.bund.de/DE/Themen/KRITIS/IT-SiG/FAQ/FAQ_zur_Meldepflicht/faq_meldepflicht_node.html, abgerufen am 09.01.2020


**Datenschutzbeauftragter (2019)**

www.datenschutzbeauftragter.info, IT-Sicherheitsgesetz: Was sind kritische Infrastrukturen, online im Internet, https://www.datenschutzbeauftragter-info.de/sicherheitsgesetz-sind-kritische-infrastrukturen/, abgerufen am 09.01.2020


**Gabler Banklexikon**

www.gabler-banklexikon.de, Suchwort: „IT-Sicherheit", online im Internet, https://www.gabler-banklexikon.de/definition/it-sicherheit-70719, abgerufen am 07.01.2020


**Gesetze im Internet – BSI Gesetz**

www.gesetze-im-internet.de, Suchwort: „BSI-Gesetz", online im Internet, https://www.gesetze-im-internet.de/bsig_2009/BJNR282110009.html, abgerufen am 07.01.2020


**Heise**

www.heise.de, The things Network – Gateway für 200 Euro funkt 10 Kilometer weit, online im Internet, https://www.heise.de/make/meldung/The-Things-Network-Gateway-fuer-200-Euro-funkt-10-Kilometer-weit-2852069.html, abgerufen am 08.01.2020